Stone Houses
BEST in ecology

Stone Houses

BEST in ecology

monsa

STONE HOUSES. BEST IN ECOLOGY
Copyright © 2017 Instituto Monsa de ediciones

Editor, concept, and project director
Josep María Minguet

Project's selection, design and layout
Patricia Martínez (equipo editorial Monsa)

INSTITUTO MONSA DE EDICIONES
Gravina 43 (08930)
Sant Adrià de Besòs
Barcelona (Spain)
Tlf. +34 93 381 00 50
www.monsa.com
monsa@monsa.com

Visit our official online store!
www.monsashop.com

Follow us on facebook!
facebook.com/monsashop

Cover image by Robert Leš
Back cover images by Onurcan Çakır and Fernando Guerra (FG+SG)

Translation by Traducciones.com

ISBN: 978-84-16500-40-6
D.L. B 1396-2017
Printed by Impuls 45

Introduction

In modern architecture natural stone is now thought of as a material that provides both elegance and sustainability, which can transform both residential and commercial buildings and is a first choice for both its durability and ecological qualities. The houses we will present below have been built in line with bioclimatic principles and have all received high praise for the ingenious combinations of materials used in their exterior design.

As a raw material used in construction rocks offer a whole range of desirable characteristics, most notably their mechanical resistance and durability. Rocks can be classified into three main groups: igneous rock, formed by the cooling and solidification of magma; sedimentary rock, formed by the deposition of fragments from other rock groups, and finally metamorphic rock, created from both igneous and sedimentary rocks which have undergone transformations to their original structure. This last group includes marbles, slates, quartzites and gneisses.

In the course of its journey from its original geological location through to its final use in building, natural stone will undergo a long process: from extraction at the quarry through to cutting, sizing and surface finishing, and it is essential that the material selected has the qualities best suited to its construction purposes.

La piedra natural en la arquitectura moderna es considerada un material sostenible y noble que transforma edificios y viviendas, la mejor opción en durabilidad y ecología. Las casas que a continuación os presentamos están diseñadas bajo los estándares del bioclimatismo y son consideradas una genialidad en el diseño exterior por la utilización y combinación de los materiales... etc.

Las rocas presentan ciertas particularidades que destacan por su resistencia mecánica y durabilidad. Las podemos clasificar en tres grandes grupos: ígneas, originadas al enfriarse las masas de magma; sedimentarias, formadas al depositarse fragmentos de rocas de otros grupos, y finalmente metamórficas, creadas a partir de rocas ígneas y sedimentarias que han sufrido transformaciones que afectan a su estructura. Este último grupo incluye mármoles, pizarras, cuarcitas y gneises.

Desde el yacimiento hasta la fase final de la obra, la piedra pasa por un proceso que abarca desde la extracción en la cantera hasta el corte, el dimensionado y el acabado superficial, pues es necesario que cumpla unas características que garanticen el correcto comportamiento en las construcciones.

Stone is the noble building material par excellence. The most widely used structural materials are granite, gneiss, sandstone, limestone, marble, quartzite and slate. They are used for foundations, walls, façades and as an architectural element. Porous stone is less durable than dense stone. Locally-sourced stone has an embodied energy of 5.9 MJ/kg.

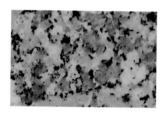

Granite.

Granite, formed from a mixture of quartz, feldspar and mica, is the most abundant igneous rock on the planet. Originating from terrestrial magma, granite is produced via a slow solidification process under extreme pressure. Granite is characterized by its hardness and resistance to erosion. Its beauty lies in the variety of tones, grains and colours within its seams, which can adapted for use in all types of surfaces, from the traditional kitchen worktop to innovative ventilated façades.

Gneiss.

Gneiss is the name used for metamorphic rock composed of the same materials as granite, but which is typically characterized by a foliated cross section made up of alternate bands of darker and lighter minerals. Traditionally it has tended to be employed (particularly the orthogneiss varieties), as an ornamental stone.

Marble.

Marble has been used since ancient types, especially in interior spaces, and has long been highly valued both for its natural beauty and durability. It offers a wide range of colours depending on the various minerals and impurities combined within the limestone rock, although its principal component is calcium. Similar to natural limestone, from which it originates, marbles are principally formed from calcium carbonate which has undergone a series of recrystallization processes. This has resulted in a unique hardness, which, combined with the crystallization, provides a stone with a surface which can be polished down to a perfect shine.

Sandstone.

This is a sedimentary rock, which comes in a variety of colours, formed over long periods of time under the surface of seas, lakes and rivers and made up of small grains of compacted sand. The hardness of the stone will depend on the size of the grains, and its characteristics will also vary according to the combination of minerals present in its structure. Quartz is the most common material and provides the stone with its shine and satin tone. Resistant to corrosion, wear and erosion, sandstone can be cut and polished to create ornamental elements. It is frequently used on façades, houses and the decoration of both interiors and exteriors.

Limestone.

Limestone is a chalk type rock, formed from calcium carbonate. It is largely composed of the shells of living organisms, held together by calcite cement. It has a neutralizing property against low level terrestrial radiation, but does not resist lichens well. For external use, it is recommended that the wall is whitewashed to improve insulation and resistance to damp. Limestone provides warm tones, with a predominance of creams and ochres.

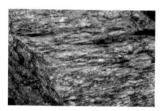

Shale.

A metamorphic rock with a laminar structure. Schists or shale contain an abundance of lamellar minerals including mica, chlorite, talc and graphite among others. Quartz is often present in drawn out grains, producing a particular form known as quartz schist. By definition, schist contains at least 50% platy and elongated minerals, often finely interleaved with quartz and feldspar.

Pumice.

Pumice is a vitreous volcanic igneous rock. It is formed from lava, it has a low density (it floats in water) and is very porous with a rough texture, and white or grey in colour. It is created when lava is violently ejected into the air from a volcano. The decompression involved produces air bubbles separated by thin walls of volcanic glass. It contains potassic feldspar, quartz and plagioclase.

Quartzite.

Quartzite is a hard metamorphic rock with high quartz content. It is an agglomerate rock, formed from grains of quartz held together by quartz-based cement. Quartzites are produced by the recrystallization of sandstone, resulting in a material that is harder, less porous, more homogenous and highly resistant. The stone is difficult and expensive to work with, but offers an extremely durable finish. Quartzite is often used in embankments to avoid ground erosion. It is whitish or pale yellow in colour.

Slate.

Slate is formed by the compacting of clays. Its metamorphic origin gives it a very particular homogenous and foliated appearance. Divided into tiles, natural slate has been traditionally used as a roofing material thanks to its excellent durability, resistance and waterproof and insulating qualities. It provides a highly characteristic finish to buildings, and modern architects are now emulating the picturesque style of the so called "black villages", with their walls and roofs completely covered in slate, which have often survived the passage of time and endured for centuries against the elements.

La piedra es el material de construcción noble por excelencia. Como material estructural, las más utilizadas son el granito, el gneis, la arenisca, la caliza, el mármol, la cuarcita y la pizarra. Se emplean en cimentaciones, paredes, fachadas y como elemento arquitectónico. La piedra porosa es menos durable que la piedra densa. La piedra de origen local tiene una energía incorporada de 5,9 MJ/kg.

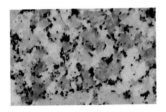

Granito.

El granito, formado por una mezcla de cuarzo, feldespato y mica, es la roca ígnea más abundante del planeta. Originado a partir del magma terrestre, el granito se produce mediante un proceso de solidificación lento y a muy alta presión. El granito destaca por su elevado grado de dureza y resistencia a la erosión. Su gran belleza se debe a sus vetas de diferentes tonos, granos y colores que se adaptan a cualquier tipo de superficie, desde la tradicional encimera de una cocina hasta innovadoras fachadas ventiladas.

Gneis.

Se denomina gneis a una roca metamórfica compuesta por los mismos minerales que el granito pero con orientación definida en bandas, con capas alternas de minerales claros y oscuros. Son rocas con escaso aprovechamiento económico, salvo algunas variedades de ortogneis, que son utilizadas como rocas ornamentales.

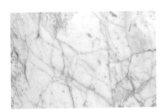

Mármol.

Utilizado desde tiempos inmemorables también para los espacios de interior, este material es bello además de resistente. Ofrece una amplia gama de colores dependiendo de los diferentes minerales e impurezas que forman esta piedra caliza, y es que su componente principal es el calcio. Al igual que las calizas, de las que derivan, son rocas conformadas principalmente por carbonato cálcico, que ha sufrido procesos de recristalización. Esto proporciona una gran dureza que, unido a su buena cristalización, predisponen a estas rocas para su buen pulido superficial, con la aparición de un brillo perfecto.

Arenisca.

Roca sedimentaria de color variable formada durante muchos años bajo la superficie de océanos, lagos y ríos por pequeños granos de arena compactados, cuya dureza depende del tamaño de los granos que la componen. Las cualidades de la roca arenisca cambian con los tipos de minerales que se acumulan para formarla. El cuarzo es el material que más se encuentra en esta piedra y que le aporta su brillo y tono satinado. Resistente a la corrosión, al desgaste y a la erosión, la arenisca puede ser cortada y pulida para crear elementos ornamentales. Se utiliza en recubrimiento de fachadas, construcción de viviendas unifamiliares y decoración de exteriores e interiores.

Caliza.

La piedra caliza es un tipo de roca calcárea, formada por carbonato cálcico. Con frecuencia está formada por caparazones de organismos vivos, unidos por un cemento también calcáreo. Tiene propiedad neutralizante de las radiaciones terrestres de poca intensidad, pero resiste mal los líquenes. Para su uso exterior, se recomienda encalar el muro con el fin de aumentar su resistencia a la humedad y mejorar su aislamiento. Tonos cálidos, con predominio de cremas y ocres.

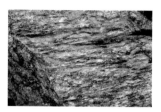

Esquisto.

Roca metamórfica de estructura laminar. Los esquistos metamórficos poseen abundancia de minerales laminares tales como la mica, la clorita, el talco, grafito y otros. El cuarzo se halla con frecuencia en granos estirados al extremo que se produce una forma particular llamada cuarzo esquisto. Por definición, el esquisto contiene más de un 50% de minerales planos y alargados, a menudo finamente intercalado con cuarzo y feldespato.

Pómez.

Roca ígnea volcánica vítrea, se forma a partir de ciertas lavas, con baja densidad –flota en el agua– y muy porosa y áspera, de color blanco o gris. En su formación, la lava proyectada al aire sufre una gran descompresión. Como consecuencia de la misma se produce una desgasificación quedando espacios vacíos separados por delgadas paredes de vidrio volcánico. Contiene feldespato potásico, cuarzo y plagioclasa.

Cuarcita.

La cuarcita es una roca metamórfica dura con alto contenido de cuarzo. Es una roca aglomerada. Está constituida por granos cuarzosos unidos por un cemento también cuarzoso. Provienen de la recristalización de areniscas, por lo que son más duras, menos porosas y más homogéneas, presentando altos valores resistentes. Son, por tanto, rocas muy consistentes, lo que conlleva a su difícil y costosa elaboración y, por el contrario, ofrecen gran resistencia frente a las agresiones. La roca de cuarcita se utiliza en terraplenes interiores para evitar la erosión del suelo. Su color es blanquecino o amarillo claro.

Pizarra.

La piedra pizarra está formada por la compactación de arcillas. Su origen metamórfico le confiere un aspecto homogéneo y exfoliable muy característico. Dividida en lajas, la pizarra natural ha sido tradicionalmente utilizada como material de cubiertas gracias a sus excelentes cualidades de resistencia, durabilidad, impermeabilidad y aislamiento térmico. La conocida como arquitectura negra o de los pueblos negros, hoy convertida en reclamo turístico, hace referencia a las tradicionales casas de gruesos muros de piedra con sus duras cubiertas de pizarra natural, algunas centenarias, imperturbables al paso del tiempo.

Casa Tmolo

PYO Arquitectos

Ophélie Herranz Lespagnol, Paul Galindo Pastre
www.pyoarquitectos.com

LOCATION: Asturias (Spain)
SIZE: 414 m²
© PHOTOS: Miguel de Guzmán / Imagen Subliminal

There were two construction sites: the main house and a stable. The main house was in a very bad condition, overgrown with vegetation, and numerous repairs had to be made to make it livable. The stone and timber structure of the stable was significantly deteriorated and most of the walls had to be replaced. The position and materiality of the architecture was maintained although given the farm's crumbling state, the new facade of the main house was reconstructed with white concrete and local stone. In the main house, an insulating lining forms the new load-bearing structure, reinforcing the old stone walls and providing thermal insulation. The parts of the façade formerly of stone and brick weatherboarding were replaced by a monolithic wall of insulating concrete with formwork which reproduces the former texture of the timber. Windows sit within deep recesses and can be screened behind large wooden shutters that reference the style of stable doors.
Located on a steep south facing mountain slope overlooking the valley, the main house clings to a site with a 2 meter difference in level between the north and the south facade. In harmony with the slope of the terrain, the staggered arrangement of the ground floor levels provides a sequence of connected spaces avoiding conventional interior partitions.

Contábamos con dos construcciones: la vivienda y un establo. La vivienda estaba en muy malas condiciones y cubierta de vegetación. Hubo que realizar numerosas reparaciones para devolverle la habitabilidad. La estructura de piedra y madera del establo estaba significativamente deteriorada y fue necesario volver a construir la mayoría de las paredes. La posición y materialidad de la arquitectura se conservó pese al ruinoso estado de la propiedad y la nueva fachada de la vivienda se reconstruyó con hormigón blanco y piedra local. En la vivienda, un revestimiento aislante conforma la nueva estructura portante, reforzando las antiguas paredes de piedra y proporcionando aislamiento térmico. Las distintas partes de la fachada, anteriormente de piedra y revestimiento solapado de ladrillo, se sustituyeron por una pared monolítica de hormigón aislante con encofrado, que reproduce la antigua textura de madera. Las ventanas descansan en profundos vanos y pueden protegerse tras grandes contraventanas de madera que hacen referencia al estilo de las puertas del establo. Situada en una empinada ladera orientada al sur sobre el valle, la vivienda reposa sobre una superficie que obliga a aplicar una diferencia de dos metros entre el nivel de la fachada norte y el de la fachada sur. En armonía con la pendiente del terreno, la escalonada disposición de los niveles de la planta baja proporciona una secuencia de espacios conectados que evita la división interior convencional.

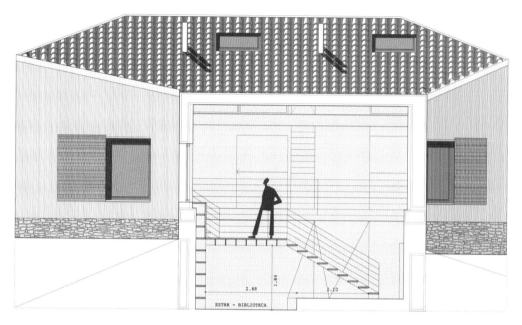

Section 5 _ Sección 5

16

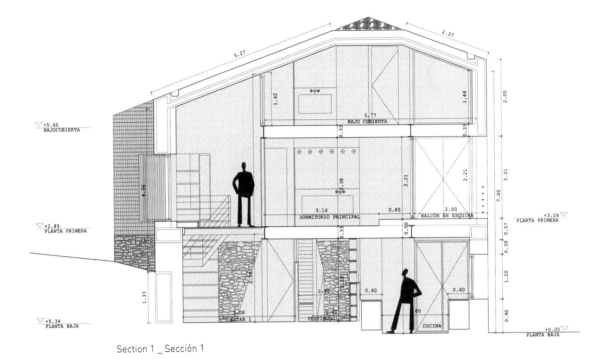

Section 1 _ Sección 1

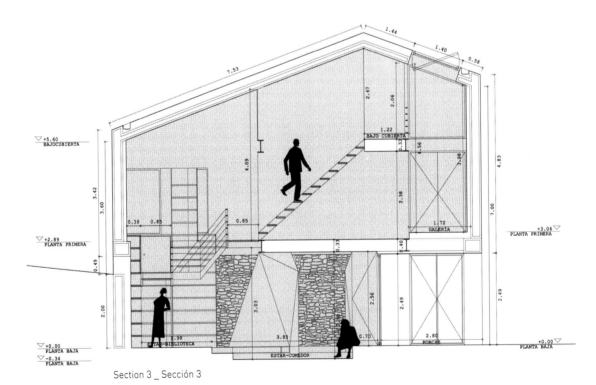

Section 3 _ Sección 3

A mix of white concrete and iron beams coexist with well-worn stone, weather-beaten wood and local stone. The interior space is organized around four diamond-shaped elements which run vertically through the house: the four muses, main characters in this family holiday home that refer to the client´s four daughters. On the first floor, two bedrooms are connected through a double-height space with views over the valley, leading to the main bedroom corner terrace.

Una combinación de vigas de hierro y hormigón blanco coexisten con piedra desgastada, madera castigada por el tiempo y piedra local. El espacio interior se organiza alrededor de cuatro elementos con forma de diamante que se suceden en vertical en la vivienda: las cuatro musas, personajes principales de esta residencia de vacaciones familiar que hacen referencia a las cuatro hijas del cliente. En la primera planta, dos dormitorios se conectan mediante un espacio de doble altura con vistas al valle que conduce a la terraza en esquina del dormitorio principal.

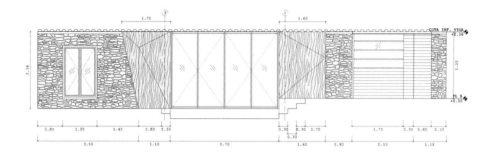

Section ground floor _ Sección planta baja

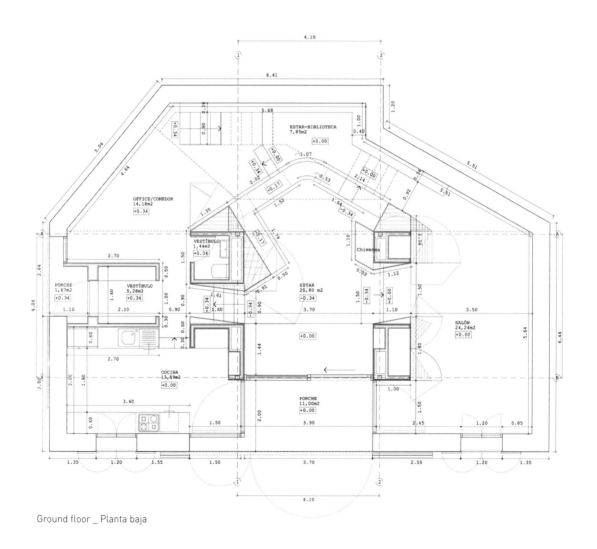

Ground floor _ Planta baja

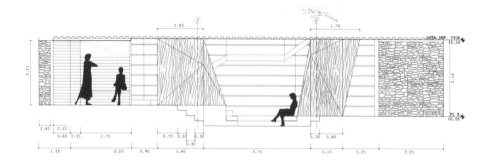

Section ground floor _ Sección planta baja

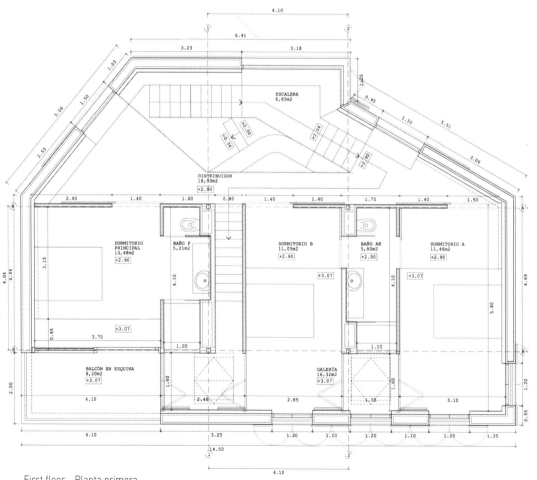

First floor _ Planta primera

In the interior, supporting walls were replaced by light metal pillars, opening up a large triple-height living room along the entire length of the building, which allows daylight to enter. A generous metal staircase gives access to the different rooms of the house.

In the stable, the haylofts on the upper floor were converted into bedrooms freeing the space on the ground floor for a large central lounge that serves different purposes.

En el interior, las paredes de contención se han sustituido por pilares de metal ligero, que abren hacia una gran sala de estar de triple altura que ocupa la totalidad de la longitud del edificio, dejando entrar la luz del sol. Una amplia escalera metálica nos permite acceder a las diferentes habitaciones de la casa.

En el establo, los graneros de la planta superior se han convertido en dormitorios, dejando así espacio para construir en la planta baja una gran sala central utilizada para diferentes fines.

House in Empordà

Francesc Rifé Studio
www.rife-design.com

LOCATION: Empordà, Girona (Spain)
SIZE: 234.6 m^2 (ground floor) + 158.60 m^2 (first floor) + 76 m^2 (guest house)
© PHOTOS: Fernando Alda

Inspired by the 50's and 60's architecture and furniture designs of Jean Prouvé and Charlotte Perriand, the project has sought to combine this passion with the typical rural architectural style of the l'Empordà region. Various additions have been made to this old manor house, particularly in the form of large windows to create more of a dialogue between the exterior and the interior, a theme which has a fundamental role in the understanding of the project. The original functions of this early 20th century rural place have also been modified in a radical manner. An undulating porch now joins the original central building with the later addition and provides a sense of space for the visitor. This pergola provides access to both buildings and includes a long table providing the main dining area for the house in good weather.

The principal aim of the design studio was to eliminate all superfluous elements. The floor has been treated throughout with white microcement, apart from the annex building where wood has been employed to unify it with the stucco walls. The overall design has produced a unified monochromatic effect in harmony with the white colour used throughout the interior.

Fascinados por el mobiliario de Jean Prouvé y Charlotte Perriand de los años 50/60, este proyecto ha permitido aunar esta fascinación con la arquitectura rural típica de l'Empordà. A esta antigua masía se le han practicado varias aberturas a modo de ventanales para establecer un mayor diálogo entre el exterior y el interior, el primero tiene un papel fundamental para el entendimiento del proyecto. También se han radicalizado las funciones originales de este palacio rural de principios del siglo XX.

Un porche ondulado unifica el edificio central con el construido posteriormente y hace las veces de espacio para los invitados. Esta pérgola da acceso a ambos edificios y bajo la misma se ubica una mesa de importantes dimensiones que se convierte en el comedor de la casa durante el buen tiempo.

La actuación del estudio se ha centrado en eliminar elementos superfluos. El suelo se ha tratado como uno solo utilizando microcemento blanco, menos en el edificio anexo que se ha utilizado madera unificándolo con el estuco de las paredes buscando el monocromatismo de color blanco utilizado en todo el interior.

The white serves to further highlight the impressive collection of art and furniture, an essential element now that the house is also used as a gallery. The principal pieces are displayed in the large main hall, and the selection of exhibits has been meticulously chosen in coordination with the Miquel Alzueta gallery.

The studio has carefully incorporated blue-black ironwork which contrasts with other more organic elements in the house, such as the aged stone and the whitewashed walls. The new material has been included in the exterior doors and windows, the kitchen furnishings, the new dressing room, bedroom and main bathrooms

El blanco sirve para destacar todavía más las impresionantes piezas de mobiliario y arte, ya que la vivienda se utiliza también como galería. En el salón principal, de grandes dimensiones, se exponen las principales piezas, una selección consciente coordinada junto con la galería Miquel Alzueta.

El estudio ha incorporado un material como el hierro con acabado pavonado, que contrasta con otros elementos más orgánicos de la vivienda como la piedra antigua y la cal blanca de las paredes. El nuevo material se ha incorporado en las aberturas del exterior, el mobiliario de cocina, el nuevo vestidor y el dormitorio y baño principales.

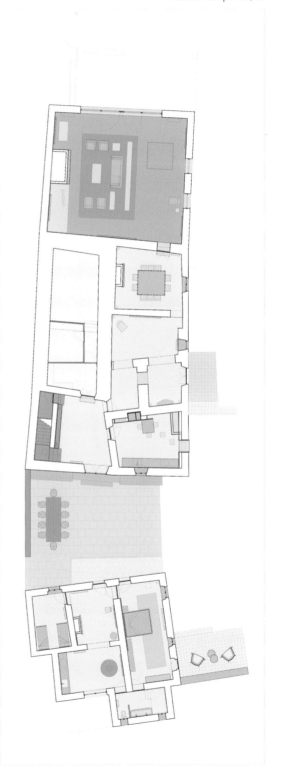

Ground floor _ Planta baja

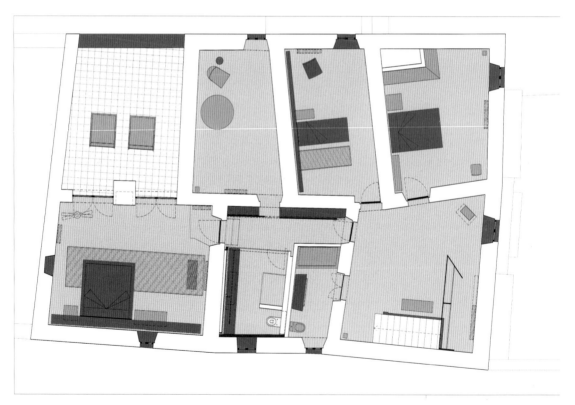

First floor _ Planta primera

On the ground floor of the main building are the reception room/gallery, the kitchen and a number of relaxation or living areas. On the upper floor are two guest bedrooms which are reached via a hallway which also serves the cloakroom/dressing area. The main bedroom is also located on this floor, and is reached via a projected bathroom, in Calacatta marble, which is independent to the building structure. The imposing plated sink is positioned above a mirrored facing. Access to the bathroom is flanked by a dressing room which uses the old wooden doors, and also leads on to a small study.

En la planta baja del edificio principal se encuentra la sala de estar-galería, la cocina y varias zonas de descanso. En el piso superior se ubican dos habitaciones de invitados a las que se accede a través de un distribuidor con un paramento que hace las veces de vestidor/guardarropía. En esta planta también se ubica el dormitorio principal que se alcanza pasando por un baño proyectado, en mármol de Calacatta, como una caja independiente a la estructura. El imponente lavabo de chapa se sitúa sobre revestimiento de espejo. El acceso al baño está flanqueado por un vestidor que aprovecha puertas antiguas de madera natural desde el que se accede también a un pequeño estudio de trabajo.

Several steps lead up to the main bedroom where the impressive iron headrest is a predominant feature of this almost monastic bedroom with its door onto the terrace. Throughout the first floor the original rustic adobe flooring has been maintained.

Varios escalones conducen a la habitación principal con cabecero de chapa de hierro como elemento protagonista en este dormitorio casi monacal con salida a la terraza. En el piso superior se ha mantenido el pavimento original de adobe rústico.

El Meandro

Marion Regitko
www.marionregitkoarchitects.com

COLLABORATORS: Emilio Domingo Corpas, Aparejador
LOCATION: Mijas, Málaga (Spain)
SIZE: 1160 m²
© PHOTOS: Fernando Alda

The house is organized within one meandering form made of natural stone, creating three volumes with an open space interwoven between them.

Perched on top of the hill, the first volume contains the main living space of the house. The living, eating and kitchen areas are located on this level in an open plan. From here you have spectacular sea and mountain views. The living space extends into the exterior becoming a deck and swimming pool. A large, over-sailing roof connects the inside and outside and protects the interior from the summer sun. You can 'hop off' the deck onto to the south-west garden.

Within the 'Meander' the second volume contains the swimming pool. Its shape and function connects to the third volume containing the guest area. The meandering form ends with the third volume further down the hill and is pushed into the landscape. It contains three guest rooms with en suite bathrooms, guest living room and service functions. From here you can enjoy private views to the sea.

The open spaces in-between the three volumes and the hill are more protected and enclosed. Here you can find an exterior lounge area, parking, entrance with lift, a private patio for guests and a roof garden.

La casa se organiza con una serpenteante forma lograda a partir de piedra natural, creando tres volúmenes con un espacio abierto entre los mismos.

Asentado en la parte superior de la colina, el primer volumen contiene el principal espacio habitable de la casa. La sala de estar, comedor y cocina se encuentran en este nivel de plano abierto. Desde aquí, se puede disfrutar de espectaculares vistas al mar y a la montaña. El espacio habitable se extiende hacia el exterior en forma de porche y piscina. Un gran tejado volado conecta el interior con el exterior y protege dicho interior del sol del verano. Desde el porche se puede bajar al jardín del sudoeste.

Dentro del "Meandro", el segundo volumen da cabida a la piscina. Su forma y función conectan con el tercer volumen, en el que encontramos la zona de invitados. La forma serpenteante termina con el tercer volumen desvaneciéndose en la colina y fundiéndose con el paisaje. Está formado por tres dormitorios de invitados con baño, una sala de estar y funciones para servicio. Desde aquí se puede disfrutar de vistas privadas al mar.

Los espacios abiertos entre los tres volúmenes y la colina se ven más protegidos y cerrados. Aquí están la zona de estar exterior, aparcamiento, entrada con ascensor, patio privado para invitados y una terraza-jardín.

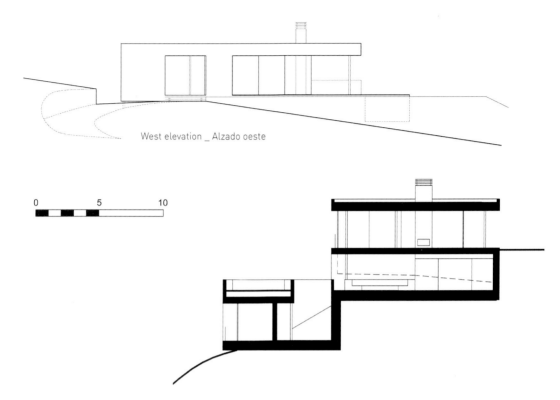

West elevation _ Alzado oeste

0   5   10

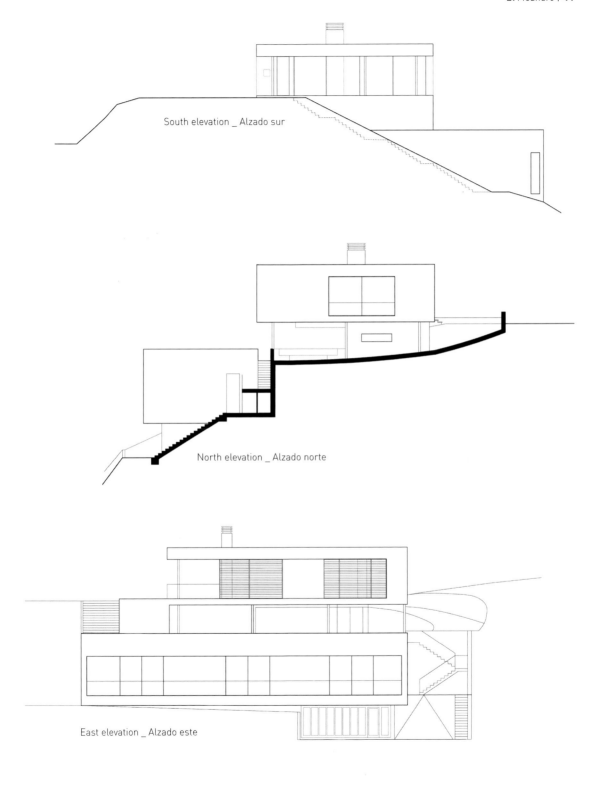

South elevation _ Alzado sur

North elevation _ Alzado norte

East elevation _ Alzado este

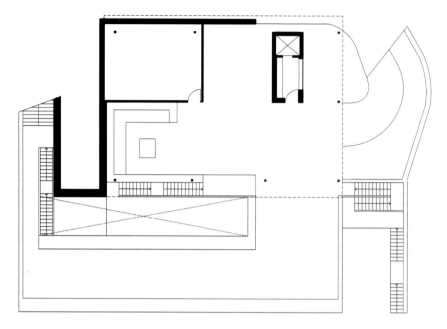

Middle level _ Nivel medio

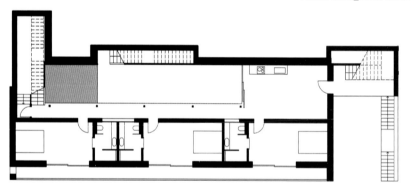

Lower level _ Nivel inferior

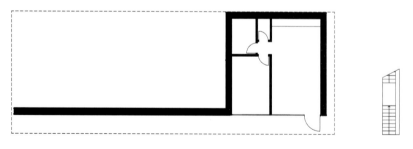

Service level _ Nivel de servicio

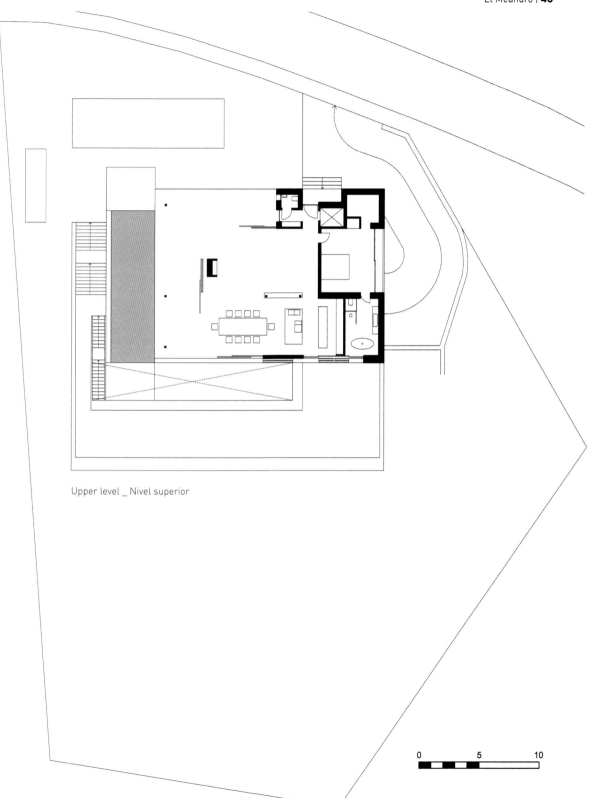

Upper level _ Nivel superior

0   5   10

Barbaros House

Onurcan Çakır
www.onurcancakir.com

LOCATION: Urla, İzmir (Turkey)
SITE AREA: 375 sqm
BUILDING AREA: 83.3 sqm
© PHOTOS: Onurcan Çakır, Ersen Corekci

Barbaros House is located in Barbaros Village of Urla, Izmir. On the upper east side of the building site, the techno park area of Izmir Institute of Technology is located. While designing the house, the main idea was to achieve a silent living space in a natural environment. Local stone and reinforced concrete were used for the walls and structural system of this project. Both materials have high surface densities and thus provide good acoustic insulation. The room with the exposed concrete façade has two windows and two doors, because it is designed especially for resting and sleeping without any noise. Special acoustic precautions have been taken to prevent any unwanted sound from outside. Outer walls of the whole house consist of two layers with insulation material between them, in order to have thermal and acoustic insulation.

Stone walls were built by local stonemasons, and this provides a similar façade image with other buildings in the village. Local materials are sustainable as they have environmental and economic advantages. Sizes and shapes of window openings were designed by taking natural events in consideration. There are blank walls on the north and thin horizontal / vertical ribbon windows on the east façade, as cold winds from northeast are expected.

Barbaros House está situada en Urla (Izmir). En la zona alta al este de la misma está el Instituto de Tecnología de Izmir. A la hora de diseñar la casa, la idea principal fue conseguir un espacio habitable silencioso en un entorno natural. Para construir las paredes y el sistema estructural se utilizó piedra local y hormigón armado. Ambos materiales tienen una elevada densidad superficial, por lo que ofrecen un buen aislamiento acústico. La habitación con la fachada de hormigón visto cuenta con dos ventanas y dos puertas porque se ha diseñado de manera especial para descansar y dormir sin ruido alguno. Para evitar sonidos indeseados del exterior, se han tomado precauciones acústicas especiales. Las paredes exteriores de toda la casa están compuestas de dos capas con material aislante entre ellas para proporcionar aislamiento tanto térmico como acústico.

Las paredes de piedra se encargaron a canteros locales para lograr una imagen similar a la del resto de edificios de la localidad. Los materiales locales son sostenibles y ofrecen ventajas medioambientales y económicas. El tamaño y forma de las ventanas se ha diseñado considerando los eventos naturales. Así, en el norte observamos paredes lisas y en la fachada este ventanas correderas horizontales / verticales, para proteger de los vientos fríos del noreste.

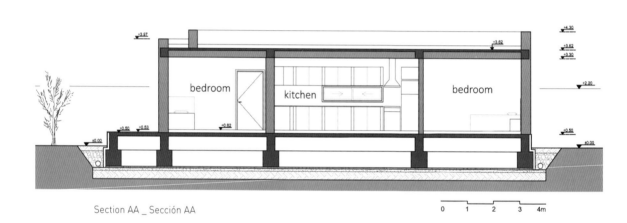

Section AA _ Sección AA

0 1 2 3 4m

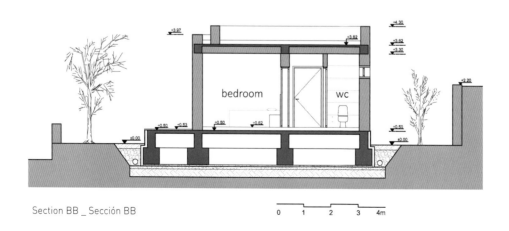

Section BB _ Sección BB

0 1 2 3 4m

The pure geometric form of the acoustic room as a concrete box, coming out from a rectangular stone prism, makes the importance of that space also recognizable from outside. Exposed raw materials like local stone, concrete, glass and solid bricks naturally create the surfaces without a need of any other additional façade material.

La geometría pura de la sala acústica, en forma de caja de hormigón resultante de un prisma de piedra rectangular, permite reconocer la importancia de este espacio también desde el exterior. Las materias primas vistas, como piedra local, hormigón, cristal y ladrillo sólido, crean las superficies de manera natural sin necesidad de utilizar materiales de fachada adicionales.

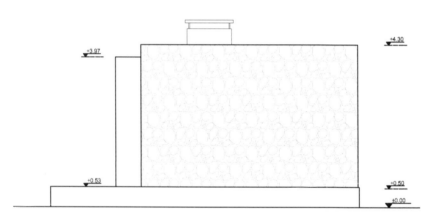

+3.97

+4.30

+0.53

+0.50

±0.00

South elevation _ Alzado sur

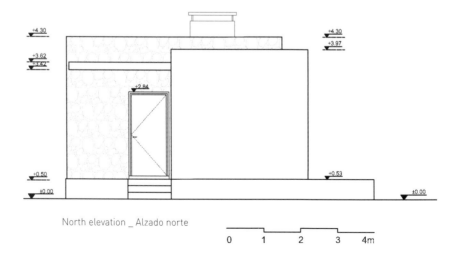

+4.30

+3.62

+2.84

+4.30

+3.97

+0.50

±0.00

+0.53

±0.00

North elevation _ Alzado norte

0   1   2   3   4m

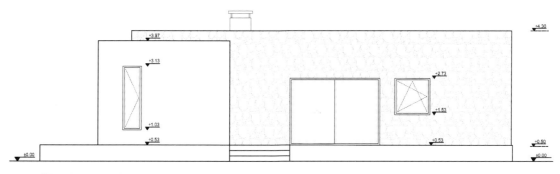

West elevation _ Alzado oeste

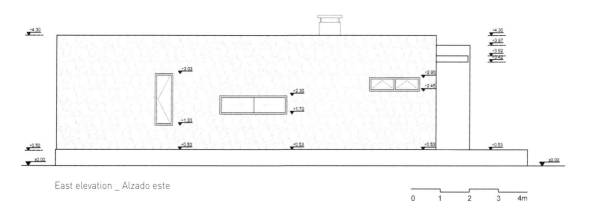

East elevation _ Alzado este

0   1   2   3   4m

A willow tree in front of the large opening on the west façade provides shade in summers and lets sunlight in by dropping its leaves in winter, which affects the inner thermal comfort positively

Un sauce frente al gran vano de la fachada oeste proporciona sombra en verano y deja entrar la luz del sol en invierno, cuando se le caen las hojas, lo cual influye de manera positiva en el confort térmico interior.

B ◁

entrance ▶

A

WC

kitchen

bedroom

living room

bedroom

bedroom

A

B ◁

terrace

Floor plan _ Planta

N

0 1 2 3 4m

Peraleda House

Losada García Arquitectos
Ramiro Losada-Amor, Alberto García
www.losadagarcia.com

COLLABORATORS: Adriana Quesada
LOCATION: Peraleda de la Mata, Cáceres (Spain)
SIZE: 330 m²
© PHOTOS: Javier Lairado Arte-On

Peraleda House is a comprehensive rebuild, keeping part of the original walls of the existing house and the yard, located in a small and historic town in Cáceres. The project aims to think about how to revive an existing house into a contemporary home in a classic urban area setting with restrictive rules. To do that, two distinct elements are combined. On the one hand, a stone element as the ordinances dictate that lays the base of the house span the entrance and give access to the home through metal doors. On the other hand, a sinuous line crosses the night areas and the pool and forms the inner courtyard.

This duality provides two types of facades: an introverted one with metallic and flared openings respond to those of a church across the street; and the other one is extroverted with large openings that let in light through the courtyard.

Peraleda House es una reforma integral, manteniendo parte de los muros originales de la vivienda existente y el patio, situada en un pequeño pero histórico pueblo cacereño. El proyecto trata de pensar como rehabilitar una casa existente construyendo una vivienda contemporánea en un entorno clásico de restrictiva normativa urbana. Para ello se unen dos piezas bien diferenciadas. Por un lado, un elemento pétreo como dictan las ordenanzas que establece la base de la vivienda, acoge el zaguán de entrada y da acceso al hogar mediante portelas metálicas. Por otro, una línea quebrada que cose las estancias nocturnas y la piscina y conforma el patio interior.

Esta dualidad concede dos tipos de fachadas: una introvertida con aperturas metálicas y abocinadas que hacen referencia a las ventanas de la iglesia situada enfrente; y otra extrovertida con grandes aperturas que introduce la luz a través del patio.

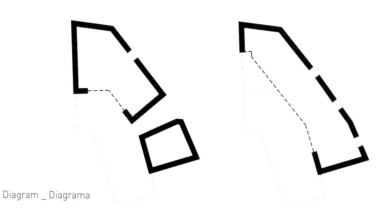

Diagram _ Diagrama

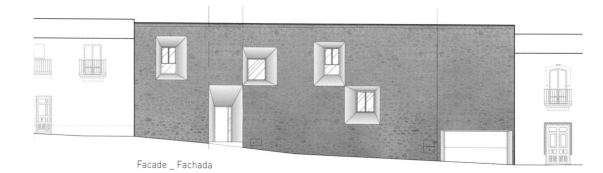

Facade _ Fachada

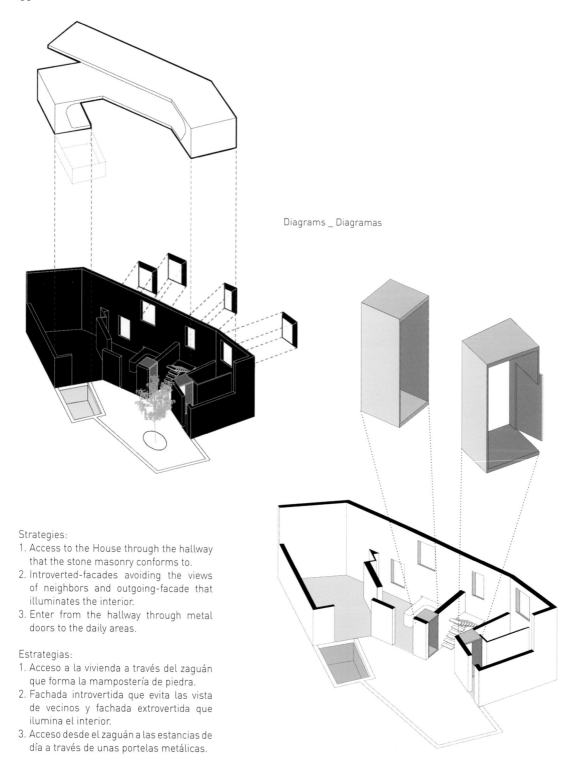

Diagrams _ Diagramas

Strategies:
1. Access to the House through the hallway that the stone masonry conforms to.
2. Introverted-facades avoiding the views of neighbors and outgoing-facade that illuminates the interior.
3. Enter from the hallway through metal doors to the daily areas.

Estrategias:
1. Acceso a la vivienda a través del zaguán que forma la mampostería de piedra.
2. Fachada introvertida que evita las vista de vecinos y fachada extrovertida que ilumina el interior.
3. Acceso desde el zaguán a las estancias de día a través de unas portelas metálicas.

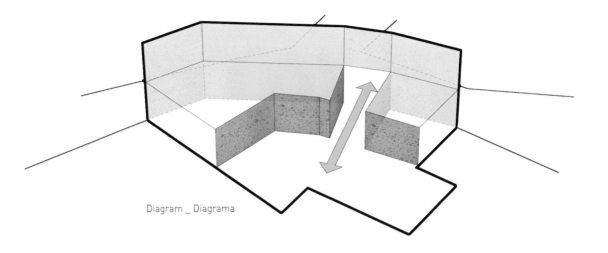

Diagram _ Diagrama

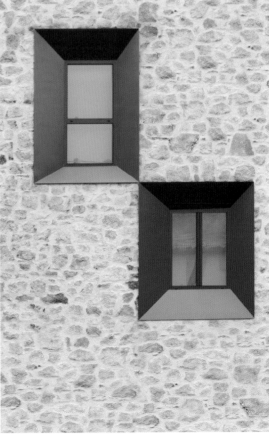

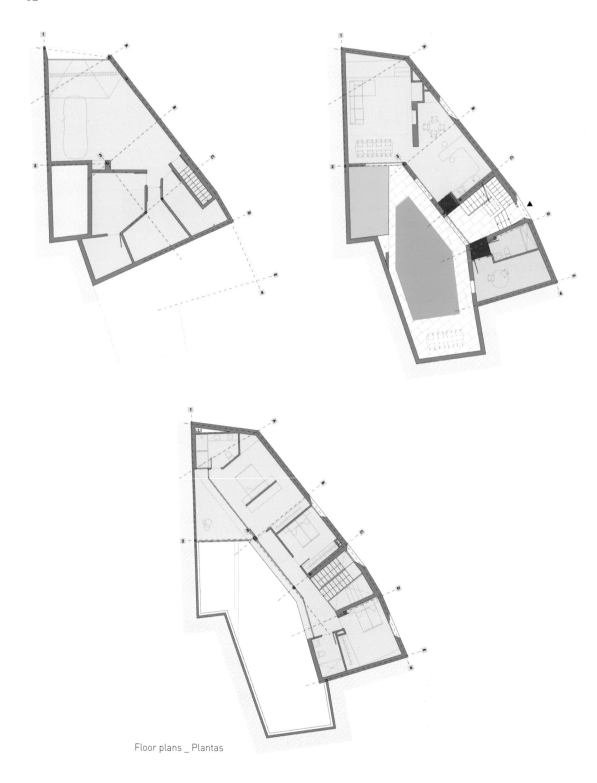

Floor plans _ Plantas

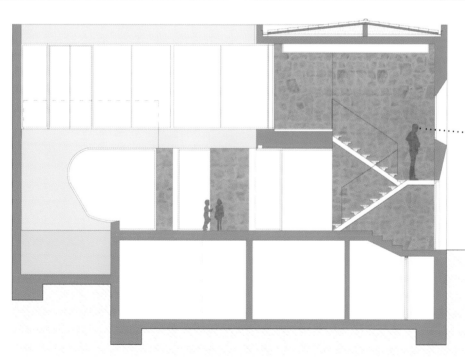

Section _ Sección

An Open-Air House

Arnau Estudi d'arquitectura

Architect: Arnau Vergés Tejero

www.arnauestudi.cat

COLLABORATORS: Xevi Bayona - Jordi Cusidó Carrera
LOCATION: Les Preses, Girona (Spain)
SIZE: 408,15 m²
© PHOTOS: Marc Torra Ferrer

Stretching itself out on the meadow, looking at the sky and all that is close to it: tree crowns, nearby mountain peaks, clouds, flying birds... the open-air house establishes the relationship with the surroundings through the courtyard, open to the sky and elevated things, and at the same time protects itself from the road and the neighbouring houses. This design project is located in a residential district build on an old vegetable plot and crops demarcated by pumice walls. The house is situated in one of the ends of this site and borders on a road in the north-west, on other houses in the south and in the east, and there are trees from the four winds. In this location, we lay out a ground level house, opaque in the north, changing towards the south and open to the sky through the courtyard, which is conceived as a big connecting space of the house. The garden, raised a bit higher than the rest of the plot, is equipped with automatic shutters, allowing different intensity level of interaction with the neighbourhood: from full opacity to complete openness, passing though the blinds with the changing angle of their slats.

Tumbada sobre la hierba de un prado, mira el cielo y todo lo que se le acerca: las copas de los árboles, las cimas de las montañas cercanas, las nubes, el vuelo de los pájaros... La casa a cielo abierto se relaciona con su entorno a través de un patio abierto al cielo y las cosas altas, mientras que se protege de la carretera y de las casas vecinas. Este proyecto se ubica en un barrio residencial construido sobre una antigua trama de huertos y de cultivos delimitados por muros de piedra pómez. La casa se encuentra en un extremo del sector y limita con una carretera por el noroeste, con otras casas por el sur y el este, y con árboles a los cuatro vientos. En este emplazamiento es donde planteamos una casa en planta baja opaca a norte, cambiando a sur y abierta al cielo a través de un patio que es concebido como el gran espacio de relación de la casa. Este jardín, que se encuentra ligeramente elevado respecto del resto de la parcela, dispone de un sistema de cierre automático que permite diferentes gradaciones de relación con el barrio: desde la plena opacidad hasta la total apertura pasando por la celosía mediante la orientación de sus lamas.

Over the former mosaic of vegetable patches, we draw a new 1.5x1.5 m plot, in which we fit the whole project. This order is expressed in the structure and also gives us answers about the layout and wall coverings. Inside the wall, almost left free-standing because of the linear skylight, there is a corridor, which is in charge of organizing the program for this dwelling: a space which connects the changing areas of the house with the sky always above and follows the relentless rhythm drawn by the structure.

Encima del antiguo mosaico de huertos, dibujamos una nueva trama de 1,5x1,5 m sobre la cual encajamos todo el proyecto. Este orden se expresa en la estructura, pero también nos da respuestas en la distribución y en los paramentos interiores. Dentro del muro y bajo el lucernario lineal que casi lo deja exento, está el corredor encargado de organizar el programa de la vivienda: una pieza que conecta los espacios cambiantes de la casa con el cielo siempre por encima y siguiendo el implacable ritmo que dibuja la estructura.

Facade _ Fachada

The L-shaped wall, built from its own reused pumice stone it the alter ego of the Persian blinds with their adjustable slats; its task is to isolate the house from the wind and the cold from the north as well as from the noise and the visibility of the busy road.

El muro en "L", construido con su propia piedra pómez recuperada, es el álter ego del paramento de persianas orientables; su función es la de aislar la casa del viento y del frío de norte así como también del ruido y de la visión de una vía bastante transitada.

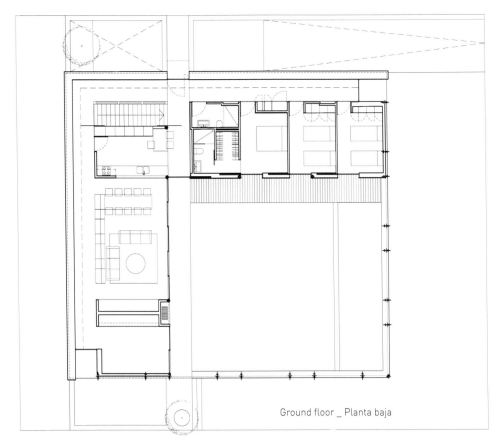

Ground floor _ Planta baja

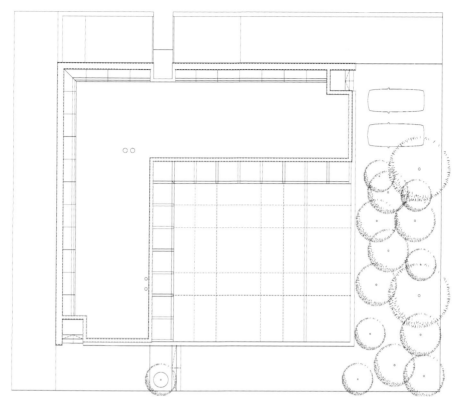

Roof floor _ Planta cubierta

Vigário House

AND-RÉ

Bruno André, Francisco Salgado Ré + Alice Babini,
Catarina Fernandes, Rui Israel
www.and-re.pt

LOCATION: Paredes (Portugal)
SIZE: 450 m²
© PHOTOS: Fernando Guerra (FG+SG), AND-RÉ

Vigário House is a particular and sensitive project, dating back to 2008 and completed early 2015. The project is the outcome of the privileged context. The existing ruins were the triggers that set the conditions for the unfolding of the new architecture narrative.

The new organism adapts itself to the old stone walls, filling the existing interstitial spaces, unifying the mass and providing a contrast backdrop against the rough stone surfaces - the main characters in the narrative - in a close dialog between the old and the new.

The stone ruins are the main element in the plot, and new architectural body is a silent ally and a neutral stage. Also, the new body translates a gesture that respects the nostalgia and history of the past, thus avoiding its loss and its fall into oblivion.At the same time, the new intervention uses the past for its own benefit, taking advantage of the geometry, textures and visual properties.

Vigário House es un proyecto particular y delicado iniciado en 2008 y completado a principios de 2015. El proyecto es el resultado de un contexto privilegiado. Las ruinas existentes desencadenaron la definición de las condiciones que condujeron a iniciar esta nueva historia arquitectónica.

La nueva construcción se adapta a las antiguas paredes de piedra, rellenando los espacios intersticiales existentes, unificando la masa y proporcionando un fondo de contraste con las irregulares superficies de piedra, personajes principales de la historia, en un estrecho diálogo entre lo antiguo y lo nuevo.

Las ruinas de piedra son el elemento fundamental de la trama, mientras que el nuevo cuerpo arquitectónico actúa como aliado silencioso y escenario neutro. Además, el nuevo cuerpo ofrece una expresión que respeta la nostalgia e historia pasadas, evitando su pérdida y caída en el olvido. Al mismo tiempo, la nueva intervención utiliza el pasado para su propio beneficio, aprovechando su geometría, texturas y propiedades visuales.

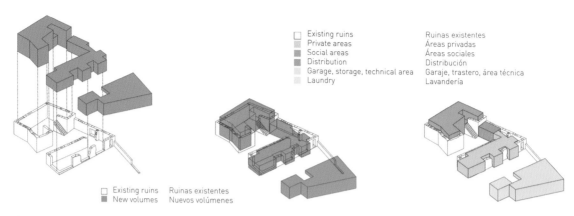

Axonometry _ Axonometría

Street elevation _ Alzado calle

Side elevation _ Alzado lateral

Section AA' _ Sección AA'

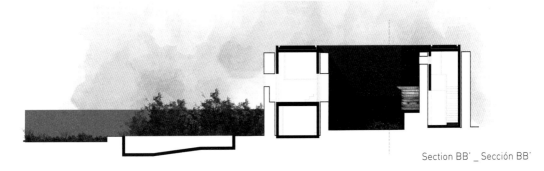

Section BB' _ Sección BB'

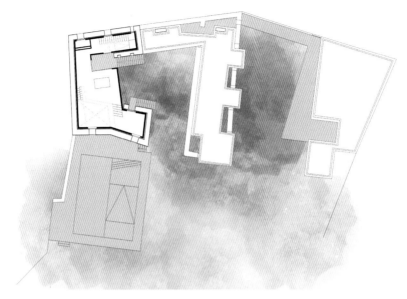

First floor _ Planta primera

Ground floor _ Planta baja

Each phase was a challenge, successfully achieved by a close and dedicated on-site overview, resulting in many cases in site-specific solutions, due to the specificity nature of the building, were each wall or corner needed a particular and personal attention.

Cada fase ha sido un desafío, superado con éxito mediante una observación cercana y dedicada *in situ*, que ha resultado en numerosas ocasiones en soluciones específicas debido a la naturaleza concreta de la construcción, donde cada pared o esquina requería atención particular y concreta.

Roof floor _ Planta cubierta

The construction went on for almost eight years, and witnessed several stops and standbys. This was a slow architecture exercise, all to do with the passage of time. The first phase, regarding the reconstruction, cleaning and consolidation of deteriorated parts of the ruins, took alone the first full year. The work was done according old traditional, and almost lost, stone setting methods, respecting the original stone construction.

La construcción se llevó a cabo durante casi ocho años y ha sido objeto de diversas paradas y periodos de inactividad. Ha sido un ejercicio arquitectónico lento, espectador del paso del tiempo. Sólo para la primera fase, durante la que se realizaron la reconstrucción, limpieza y consolidación de las partes de las ruinas deterioradas, se necesitó todo un año. Las obras se realizaron conforme a métodos tradicionales de colocación de la piedra casi perdidos, respetando la construcción de piedra original.

JA House

Filipe Pina + Maria Inês Costa

LOCATION: Guarda (Portugal)
SIZE: 260 m²
Text from the architect
© PHOTOS: João Morgado

Located on the north-center of Portugal, the house was meant to combine the rural and the urban lifestyle. The lot is surrounded by different types of constructions, consequence of the informal settlements, characteristics of most Portuguese cities neighbourhoods.

The existent stone ruins, vestige of a traditional house and the lot's configuration, were the main aspects for the new project. The program requirements, a family house, have led to an almost total land occupation. The first principle was to separate the new and the old construction, even if they are connected inside. A stone volume represents the existent building; a concrete volume the new one. The second principle was to introduce light in the middle of the house. Two different empty spaces were generated: the entrance, and the heart of the house – the courtyard.

The scale and the site identity were always present on the construction details and material choices: stone, concrete, steel and oak wood. Inside the white and the wood comfort. Outside a granitic and a new concrete mass were sculpted on the same way.

Situada en la zona centro-norte de Portugal, en esta casa se ha buscado combinar el estilo de vida urbano y el rural. La propiedad está rodeada de diferentes tipos de construcciones, consecuencia de los asentamientos informales característicos de la mayoría de los vecindarios de las ciudades portuguesas.

Las ruinas de piedra existentes, vestigio de una vivienda tradicional, y la configuración de la propiedad, fueron los principales aspectos considerados para el nuevo proyecto. Los requisitos del programa, una vivienda familiar, llevaron a la ocupación casi total del terreno. El primer principio era separar la construcción nueva de la antigua, aunque en el interior estén conectadas. Un volumen de piedra representa el edificio existente, mientras que el nuevo está representado por un volumen de hormigón. El segundo principio era introducir luz en el centro de la casa. Para ello se generaron dos espacios vacíos diferentes: la entrada y el corazón de la vivienda: el patio.

La escala y la identidad del lugar estuvieron siempre presentes en los detalles constructivos y en la elección de los materiales: piedra, hormigón, acero y madera de roble. En el interior el color blanco y la calidez de la madera. En el exterior, la masa de granito y una nueva masa de hormigón se esculpieron de la misma forma.

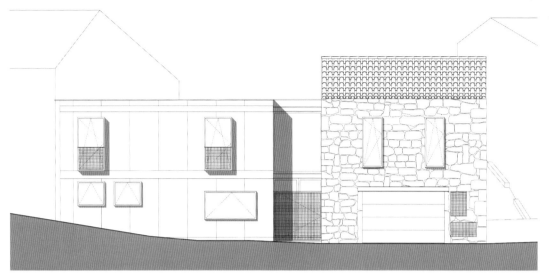

East elevation _ Alzado este

0   1   2m

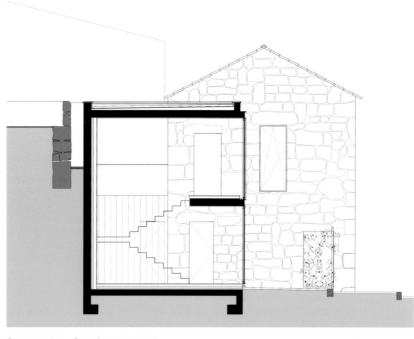

Cross section _ Sección transversal

0   1   2m

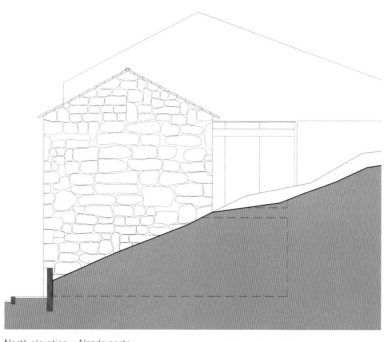

North elevation _ Alzado norte

0   1   2m

The courtyard and the stairs are the center of the house and its living. These are the key elements for the spatial relationships between the different parts of the house, the interior and the exterior.

El patio y las escaleras conforman el centro de la casa y la sala de estar. Se trata de elementos fundamentales para las relaciones espaciales entre las diferentes partes de la casa, su interior y su exterior.

The program was divided in two levels: the living room, the kitchen and the garage were positioned on the ground floor; the bedrooms and the library at the first floor. The suite was placed in a privileged point – the memory of the old house.

El programa se dividió en dos niveles: la sala de estar, la cocina y el garaje se ubicaron en la planta baja, y los dormitorios y la biblioteca en la primera planta. La *suite* se construyó en un lugar privilegiado, la memoria de la antigua casa.

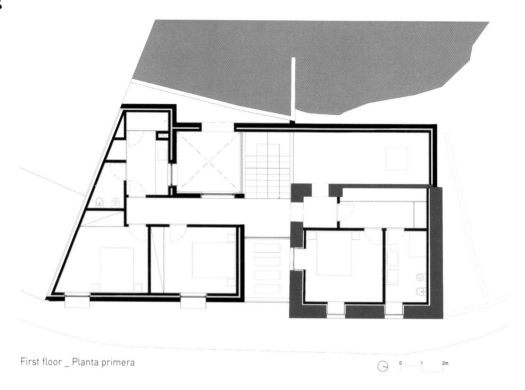

First floor _ Planta primera

0   1   2m

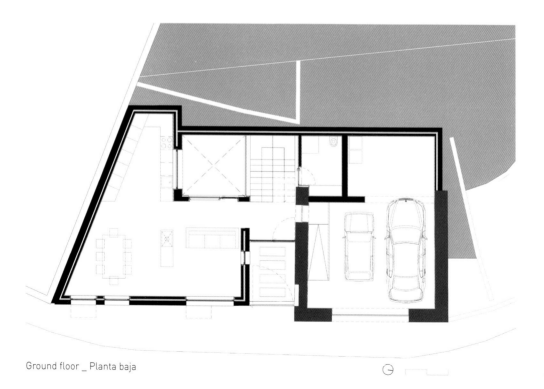

Ground floor _ Planta baja

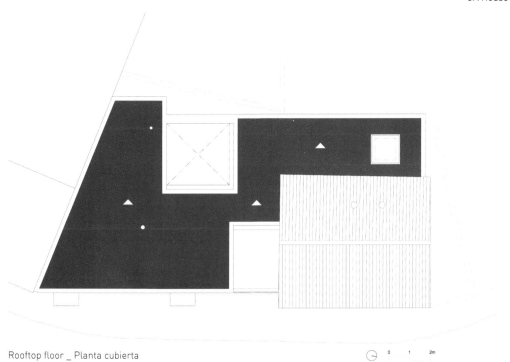

Rooftop floor _ Planta cubierta

0   1   2m

House in Afife

Francisco Vieira de Campos
www.menosemais.com

LOCATION: Afife, Viana do Castelo (Portugal)
SIZE: 575 m²
© PHOTOS: João Morgado

The house is located on a hillside overlooking the valley of Afife, place characterized by the strong continuity between the steep mountains and the horizontal plan of the sea. The house sought to protect itself as much as possible from the strong winds from the Northwest and open up as much as possible to the landscape. The solution of these two initial premises outlined the path of the project. The program required only one floor for the distribution of spaces. The solution synthesizes the intervention by building a level platform on the hillside, taking advantage of the adjustments to the topography to create two moments: the negative, that corresponds to the exterior support spaces and the volume of the swimming pool; and the positive, corresponding to three volumes arranged in a "u-form" to solve the requested program. The central volume incorporates two porches at its limit, the entrance and the courtyard. Between them, at the axle, there is an ample space of reception that distributes the access to the East volume, where the social spaces lie, and to the opposite volume, on the West, where we can find the private spaces. Between the two moments, the negative and positive, is the courtyard: protected and unifying space of visual, formal and functional relations. The materials and the form have sought since the beginning, the elementary and the containment of means.

La casa se encuentra en una ladera con vistas al valle de Afife, lugar caracterizado por la sólida continuidad entre las escarpadas montañas y el plano horizontal del mar. La casa busca protegerse en la mayor medida posible de los fuertes vientos del noroeste y abrirse todo lo posible al paisaje. La solución de estas dos premisas iniciales allanó el camino al proyecto. El programa requería únicamente una planta para la distribución de espacios. La solución sintetizó la intervención construyendo una plataforma nivelada en la ladera, para aprovechar los ajustes de la topografía y crear dos momentos: el negativo, que corresponde a los espacios de contención exteriores y el volumen de la piscina, y el positivo, que corresponde a tres volúmenes organizados en forma de "u" para dar respuesta al programa solicitado. El volumen central incluye dos porches como límite, la entrada y el patio. Entre ellos, en el eje, existe un amplio espacio de recepción que distribuye el acceso al volumen este, en el que se encuentran los espacios sociales, y el volumen opuesto, en el oeste, donde encontramos los espacios privados. Entre los dos momentos, el negativo y el positivo, encontramos el patio: un espacio protegido y unificador de relaciones visuales, formales y funcionales. En los materiales y la forma se ha buscado desde el principio la elementalidad y contención de medios.

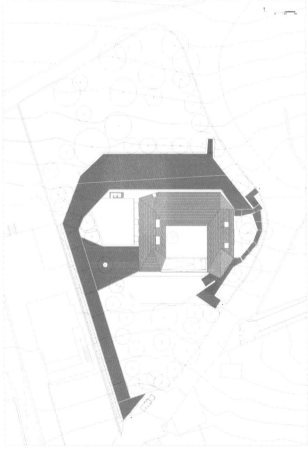

Site plan _ Plano de situación

West and east facade _ Fachada oeste y este

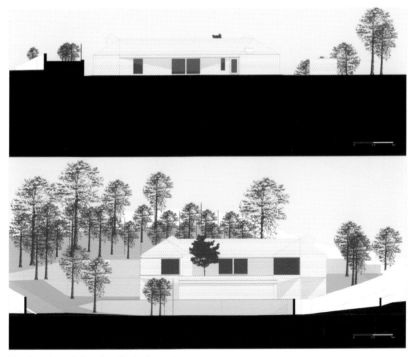

North and south facade _ Fachada norte y sur

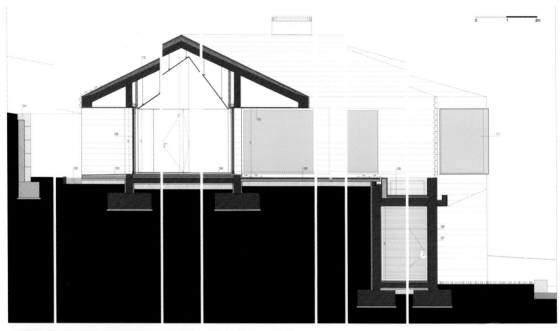

"The option for a single coating material for the exterior – shale – and only one coating material for the interior – gypsum plasterboards – except for the floor that remained in shale as a continuity between outdoor and indoor, tried to reinforce the idea of typological, constructive and expressive elementary, recurrent themes in my approach to architecture."

"La opción de un único material de revestimiento para el exterior, el esquisto, y un único material de revestimiento para el interior, los tableros de yeso, excepto para el suelo, que se ha dejado en esquisto para proporcionar continuidad entre el exterior y el interior, pretende reforzar la idea de temática tipológica, constructiva y expresiva elemental recurrente en mi acercamiento a la arquitectura."

Sections _ Secciones

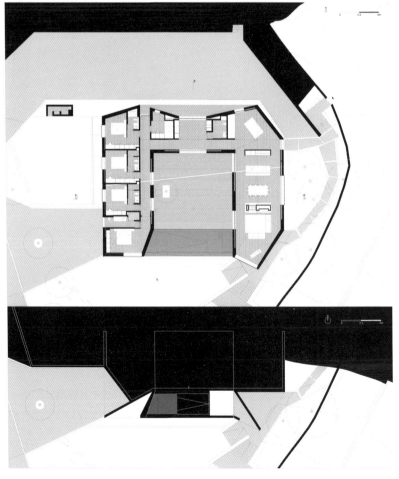

Floors _ Plantas

Vacation house Ana

DAR612

Andrea Donatović Poljičak, Morana Lepur Donatović, Jakov Poljičak
www.dar612.hr

LOCATION: Splitska, otok Brač (Croatia)
SIZE: 300 m²
© PHOTOS: Robert Leš

This vacation house is located on a slope surrounded by olive groves, with the equisite view at the Brački kanal and the city of Split. The slope's orientation to the north resulted in the spatial disposition and the two-sided orientation of all the living spaces and the required use of pitched roofs initiated the two-part division with the monopitched roofs and the flat roof in-between.

The program required that the ground floor is used for the rest and other daily activities, while the first floor consists of four suites with separate bathrooms and terraces.

The house consists od two design elements: the stone plinth connected to the surrounding terrain and the white volume that levitates above the living room which completely opens itself to the exterior with the glass curtains on the both sides. In the middle of the living area is a dining zone which opens both to the north and south terrace, and functions as the central axis of the house. It ends at the pool on the north side, and the jacuzzi bath integrated in the south end of the terrace. The transparency of the ground floor enables the integration of both the interior and the exterior including the terraces and the pool as an extended zone of the living room.

Esta residencia de vacaciones se encuentra en una pendiente rodeada de olivares, con espectaculares vistas al Brački kanal y la ciudad de Split. La orientación hacia el norte de la pendiente ha condicionado la disposición espacial y la orientación bilateral de todos los espacios habitables, mientras que la necesidad de utilizar tejados inclinados condujo a la división en dos partes con tejados de una única inclinación y un tejado plano en la zona central.

El programa exigía que la planta baja se destinara a la relajación y a las actividades cotidianas, reservando la primera planta para cuatro *suites* con baños independientes y terrazas.

La casa está formada por dos elementos de diseño: el zócalo de piedra conectado al terreno colindante y el volumen blanco que se eleva sobre la sala de estar y se abre por completo al exterior mediante cristaleras a ambos lados. En el centro de la sala de estar se encuentra la zona de comedor, con salida a la terraza tanto norte como sur, que actúa como eje central de la casa. En sus extremos encontramos la piscina en el norte y el jacuzzi integrado en la terraza sur. La transparencia de la planta baja permite la integración del interior y el exterior, incluyendo las terrazas y la piscina como extensión de la sala de estar.

First floor _ Planta primera

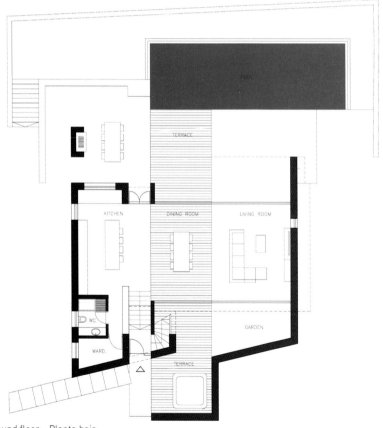

Ground floor _ Planta baja

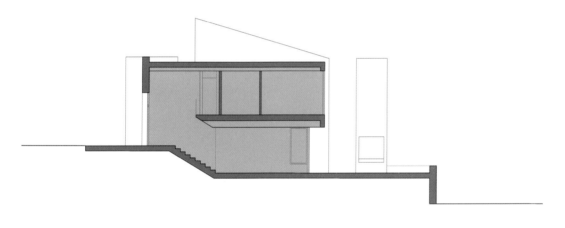

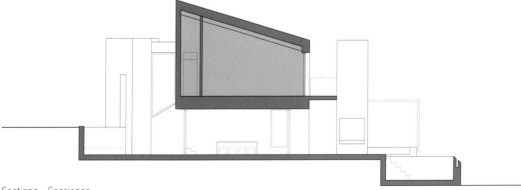

Sections _ Secciones

Maison Le Cap

Pascal Grasso Architectures
www.pascalgrasso.com

LOCATION: Var (France)
SIZE: 242 m²
© PHOTOS: Cyrille Weiner

They are simple sky-reflecting concrete and glass cubes framed, or rather camouflaged by vegetation. Pascal Grasso conceived a spacious vacation home that reinvents outdoors living in perfect harmony with the environment – a contextual architecture designed as an adapted response to the surrounding geography, landscape, climate and light.

The house is divided into four volumes set in the landscape according to an orientation determined by the viewpoints and connected together by circulation spaces. Each of the four raw concrete boxes has a distinctive size and positioning (on the ground, in slight levitation, cantilevered, piled up): this was a means to take advantage of the tilted land by working with terraces at different levels, but also to interact with the surrounding landscape.

This refined vocabulary, refined to the essential, highlights the harmonious volumes and constantly brings back to the landscape. In order to leave nothing that could disturb the gaze, all the technical elements are integrated, which conveys a clear reading of the spaces; minimalism expressed through details, revealing the complexity of the project in terms of its conception and realization.

Sencillos cubos de cristal y hormigón que reflejan la luz del cielo rodeados, o más bien camuflados, por la vegetación. Pascal Grasso ha concebido una residencia de vacaciones espaciosa que reinventa la vida al aire libre en perfecta armonía con el entorno, una arquitectura contextual diseñada como respuesta adaptada a la geografía, el paisaje, el clima y la luz circundante.

La casa está dividida en cuatro volúmenes configurados en el paisaje conforme a la orientación determinada por los puntos de observación y conectados por espacios de circulación. Cada uno de los cuatro cubos de hormigón en bruto presenta un tamaño y posicionamiento distintivo (sobre el suelo, levemente elevado, voladizo, apilado): esto se debe al deseo de aprovechar la inclinación del terreno trabajando con terrazas en distintos niveles, pero también de interactuar con el paisaje que rodea la casa.

Este vocabulario, pulido hacia la esencia, resalta los armoniosos volúmenes y nos devuelve de manera constante al paisaje. Para que nada pudiera molestar a la vista, todos los elementos técnicos se encuentran integrados, permitiendo una lectura clara de los espacios; minimalismo expresado a través de los detalles que revela la complejidad del proyecto en términos de concepción y ejecución.

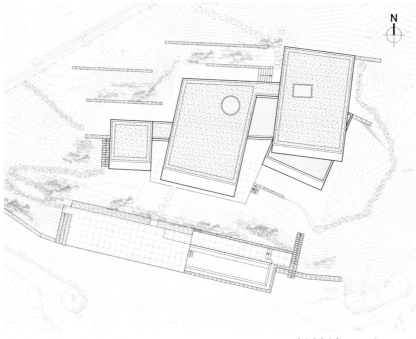

N

Site plan _ Plano de situación

0 1 2 3 4 5   10   15 m

While minimalistic aesthetic is one of the project's formal influences, it also reveals a more conceptual approach. Pascal Grasso used a reflecting glass to bring forth notions of disturbance or transparency: in day time, nothing from the inside of the house can be perceived from the outside as the openings reflect the landscape (and this furthermore intensifies the way in which the four cubes merge in their environment). Dealing with this connection to the landscape also implied resolving the issue of the openings. More willingly speaking of screens rather than windows, the architect thought in terms of photographic or filmic framing.

Mientras que la estética minimalista es una de las influencias formales del proyecto, revela también un acercamiento más conceptual. Pascal Grasso ha utilizado cristal reflectante para crear nociones de perturbación o transparencia; durante el día, desde el exterior no puede verse nada del interior porque los vanos reflejan el paisaje (algo que intensifica aún más el modo en que los cuatro cubos se fusionan con el entorno). Establecer esta conexión con el paisaje implica también resolver el tema de los vanos. Queriendo hablar de pantallas más que de ventanas, el arquitecto pensó en términos fotográficos o fílmicos.

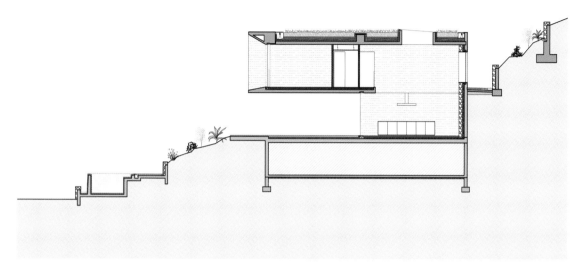

1 2 3 4 5   7.5   10 m

Sections _ Secciones

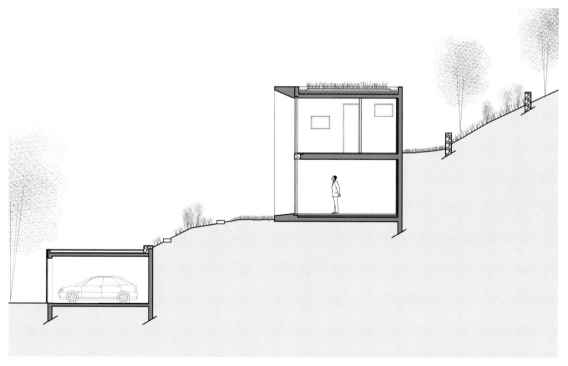

0   1   2   3   4   5   7.5   10 m

His initial observations convinced Pascal Grasso to exploit the curve offered by the land, to play with terraces on various levels, to extend the existing dry-stone walls, yet adapting to the local sunny climate, as much as to the bad weather conditions and often-intense luminosity. The materials chosen echo to the coast's mineral quality: raw concrete, stone, glass, stainless steel.

Sus observaciones iniciales convencieron a Pascal Grasso para explotar la curva ofrecida por el terreno, jugar con terrazas en varios niveles, ampliar los muros de piedra seca existentes adaptándose al soleado clima local, sin olvidar las condiciones climatológicas adversas y la intensa luminosidad frecuente. Los materiales elegidos hacen eco de la calidad mineral de la costa: hormigón en bruto, piedra, cristal y acero inoxidable.

Casa VI

EV+A Lab Atelier d'Architettura & Interior Design
www.alfredovanottiarchitetto.it

LOCATION: Sondrio (Italy)
SIZE: 75 m²
Text from the architect
© PHOTOS: Marcello Mariana

This house is located in the surroundings of Sondrio on the Orobic Alps at about 1000 meters of altitude. The customer requests were to transform an existing ruin, realized in bricks of concrete, into a residence, that had the most solar radiation and lighting in the livingroom and, at the same time, a view toward the bottom of the valley. In those circumstances, after a careful analysis of the context, of the possibilities in terms of exposure, of the study of the sunlight and the study of technologies and of the values of the mountain architecture.
I worked first of all on the insulation and lighting because the Orobic Alpes are poorly exposed to irradiation, opting for the coverage to a single aquifer; this decision allowed me to raise the wall exposed to the north, inserting the 4 openings of equal size (2,30xh.1,40 cm), one in a room on the first floor and two on the ground floor with a wonderful view on the Retic side of the Alps and, at the same time, achieving a double height on the kitchen and dining area, illuminated from above through a skylight, flush covering, consisting of n.2 glass from 0.70x1,80 cm and n.3 glass from 0.70x0.90 cm. I obtained an environment lighted in a natural way, ensuring an economical energy saving and satisfying all the requests of the customer. The structure is in reinforced concrete and bricks of concrete, with suitable thermal insulation, in order to obtain a good living comfort, and coating in local stone.

La casa se encuentra en los alrededores de Sondrio, en los Alpes Oróbicos, a unos 1.000 metros de altitud. El cliente solicitó que se transformaran las ruinas existentes, de ladrillo de hormigón, en una residencia con la mayor radiación y luz solar posible en la sala de estar y, al mismo tiempo, vistas a la parte baja del valle. En estas circunstancias, hubo que completar un cuidadoso análisis del contexto y las posibilidades en cuanto a exposición, y estudiar la luz del sol, las tecnologías y los valores de la arquitectura en montaña.
Primero se trabajó en la incidencia y luz solar puesto que los Alpes Oróbicos no están demasiado expuestos a radiación, y se cubrió un único acuífero; esta decisión me permitió elevar la pared expuesta al norte, insertando cuatro vanos del mismo tamaño (2,30 x 1,40 cm), uno en cada dormitorio de la primera planta y dos en la planta baja, ofreciendo magníficas vistas de los Alpes Réticos y, a la vez, logrando doble altura para la zona de la cocina y el comedor, iluminados desde la parte de arriba mediante una claraboya formada por dos cristales de 0,70 x 1,80 cm y otros tres de 0,70 x 0,90 cm. Así se obtuvo un entorno iluminado con luz natural, garantizando el ahorro energético y atendiendo todas los requisitos del cliente. La estructura se ha realizado en hormigón armado y ladrillo de hormigón, con un aislamiento térmico adecuado, para lograr gran confort, y se ha revestido con piedra local.

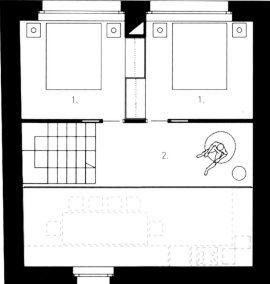

1. Bedrooms
2. Studio

3. Entrance
4. Bathroom
5. Kitchen
6. Living room

First floor _ Planta primera

1. Dormitorios
2. Estudio

3. Entrada
4. Baño
5. Cocina
6. Sala de estar

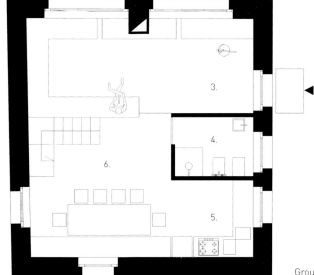

Ground floor _ Planta baja

"The cover consists of lamellar beams in wood and painted in white color. Doors and windows are in lamellar larch brushed and not treated with double glazing burglar proof; from the point of view of materials and their combination I chose those with a strong intrinsic materiality: stone and wood."

"La cubierta está formada por vigas laminadas de madera pintadas de color blanco. Las puertas y las ventanas son de madera laminada de alerce lijada y sin tratar y cuentan con doble acristalamiento antirrobo. Desde el punto de vista de los materiales y su combinación, he elegido materiales con fuerte materialidad: piedra y madera."

"I realized the project through a reinterpretations, in a modern key, of the construction techniques and materials used in the past. All that because I believe that mountain architecture is an emblematic example of sustainable architecture, using materials obtained from nature and, for obvious reasons, found in place. From a formal point of view the house refers to the rural houses: the only sloping roof, completely coated by stone and with no eaves."

"Completé el proyecto mediante la reinterpretación, en clave moderna, de las técnicas de construcción y los materiales utilizados en el pasado. Todo ello porque considero que la arquitectura de montaña es un ejemplo emblemático de arquitectura sostenible, para la que se deben utilizar materiales obtenidos de la naturaleza y, por razones obvias, disponibles a nivel local. Desde el punto de vista formal, la casa hace referencia a las casas rurales: un único tejado inclinado, completamente revestido de piedra y sin aleros."

"For the artificial lighting I used the historical pieces of Flos design, suspensions Vesoi brand and in the kitchenette a lamp Lamp (VI), always by my drawing, in natural larch. The unit consists of a ground floor with entrance, living room, kitchenette and bathroom in which the spaces are well defined (the rupture element is the cement block) but at the same time, open and bright and a first floor composed by two bedrooms and a loft used as studio."

"Para la luz artificial he utilizado piezas de diseño Flos, suspensiones de la marca Versoi y una lámpara Lamp (VI) en la cocina, a partir de mis bocetos, en alerce natural. La unidad está formada por una planta baja con entrada, sala de estar, cocina y baño en la que los espacios están bien definidos (el elemento de ruptura es el bloque de cemento) pero son a la vez abiertos y luminosos, y una primera planta compuesta de dos dormitorios y un loft utilizado como estudio."

"The interior is, for the most part, concentrated on the local craftsmanship, because I believe it is very important: it represents our history. So I tried to achieve the greatest possible pieces on measure from my drawing, using materials that could allow me as reinforced concrete, natural larch, iron and wood."

"El interior está, en su mayoría, concentrado en la artesanía local, algo que considero muy importante ya que representa nuestra historia. Así, traté de conseguir las mejores piezas posibles a medida de mis planos, utilizando materiales que me permitieran hacerlo como el hormigón armado, el alerce natural, el hierro y la madera."

A'Bodega

Estel Ortega Vázquez + David Pou Van den Bossche

LOCATION: Doade, Lugo (Spain)
SIZE: 130 m²
TEXT: Estel Ortega Vázquez
© PHOTOS: Adrià Goula

An old *bodega* or winery has been entirely renovated to create a residential property. The initial space consisted of two parts, the *palleira*, or barn, and a second ground floor building for the cutting and storage of grapes and the winery. Both were slightly below street level (*a'carreira*) on the west side and opened up onto the countryside at the rear or east facade. Work on the project began with three main premises:

To respect the original space and architectural style. All the buildings in the village are completely in harmony with the surrounding meadows and countryside. The idea was to integrate the house into this context using the existing walls as a boundary, and employ the tradition local architectural features, (dry tectonic stone walls, with few perforations), without renouncing its own individual language.

Local materials. The design was based on the creation of an exterior shell using the existing stone (as well as slate for the roof recovered from an old house) together with wood. The rest of the work was to be finished using traditional methods on the advice of a local builder. Light, ventilation and views. Taking into account the initial premises, and given the difficult circumstances with the preexisting structure, it was necessary to give careful thought to the air and light required to make the house into a comfortable residence. It was also considered to be vitally important that the house should benefit from the views of the surrounding countryside.

Se recupera una antigua bodega para rehabilitarla integralmente en una nueva vivienda. El volumen inicial consta de dos cuerpos: uno de dos plantas que acogía la *palleira* y un segundo de planta baja que integraba la corte y la bodega. Ambos se encuentran semienterrados contra a'carreira en la fachada oeste y se abren a este sobre el paisaje. Así, el proyecto parte de tres premisas:

Respetar el volumen inicial y la arquitectura local: El pueblo es armónico, construcciones de piedra y el verde existente (de pasto y salvaje) están en equilibrio. La propuesta se integra en este contexto acomodándose a los límites de los muros existentes. También se integran los valores de la arquitectura local (volúmenes de piedra seca tectónicos, de pocas perforaciones) sin renunciar a su propio lenguaje. Los materiales locales: La materialidad se basa en la creación de una carcasa de piedra existente (para la cubierta se recupera pizarra de una antigua casa) y la madera. El resto consiste en construcción tradicional para trabajar de acuerdo al conocimiento del constructor local. La luz, la ventilación y las vistas: Teniendo en cuenta las anteriores premisas y dadas las difíciles condiciones de la preexistencia había que garantizar unas condiciones de aire y luz para dotar del confort necesario a la vivienda, pero sobre todo había que conseguir que la casa disfrutara del paisaje.

The old Ribeira Sacra region *bodegas* were (and still are) heterogeneous locations where houses and community economic life are inseparable, making it common to find groups of stone buildings where a whole range of activities live side by side.

Las bodegas antiguas de la Ribeira Sacra eran (y son) espacios heterogéneos vinculados a la vivienda donde se desarrollan las actividades de la economía local, por lo que es habitual encontrarse con conjuntos de varias construcciones de piedra donde conviven todo tipo de usos.

Via the perforation of the corners, patios were created which establish diagonal relationships providing interior lighting, crossed ventilation and extended views. Likewise this strategy has created hollows in the facade rather than conventional windows, maintaining the superficial appearance of a tectonic stone windowless house, while still providing a continual relationship between the interior and the landscape outside.

Mediante la perforación de las esquinas se crean patios que establecen relaciones diagonales que garantizan iluminación interior, ventilación cruzada y visuales alargadas. Asimismo esta estrategia define los huecos en fachada como vaciados, y no como ventanas convencionales, dando una apariencia de casa tectónica, sin ventanas, pero estableciendo una relación continua del interior con el paisaje exterior, que penetra.

01. Waterproof roof in irregular old slate. First course
02. Ventilation air chamber
03. Waterproofing
04. Thermal insulation with extruded polystyrene
05. Wooden protection slab linings. 20x20 mm strips
06. Metallic perimeter skirting
07. Tubular pre-frame. 70x20x30 mm
08. Exterior carpentry. See details
09. Beam and panel structure
10. Reinforced concrete ring beam. Depending on structural detail
11. Layer of mortar
12. Exposed stone wall
13. Plated guttering
14. Ceramic wall
15. Plastering and paintwork
16. Raised wooden platform, treated for external use
17. Terrace asphalt cloth, with raised perimeter skirting
18. Slope with concrete
19. Perimeter sealing with Sikaflex
20. 10 cm concrete flooring with 20x20 cm/6 mm diameter mesh reinforcement
21. Ventilated drainage structure with plastic cavities
22. Lean concrete levelling layer for cavity placement
23. Construction support base for pre-frame and carpentry
24. Treated oak chestnut flooring
25. Thermal insulation
26. Drainage guttering on existing stone wall
27. 2 cm porexpan perimeter join for expansion
28. Reinforced concrete wall and pad
29. Delivery of flooring/partitions for perimeter base resolution

01. Cubierta estanca de pizarra vieja irregular. La 1ª hilada
02. Cámara de aire ventilada
03. Impermeabilización
04. Aislamiento térmico con poliestireno extruído
05. Revestimiento madera protección canto forjado. Sobre rastreles 20x20 mm
06. Formación de faldón perimetral en chapa
07. Premarco tubular 70x20x30 mm
08. Carpintería exterior de madera. Ver detalles
09. Forjado de viguetas y casetones
10. Zuncho hormigón armado. Según detalle estructura
11. Capa de mortero
12. Pared de piedra vista
13. Canalón en chapa
14. Pared cerámica
15. Enyesado y pintado
16. Tarima elevada de madera tratada para exterior
17. Tela asfáltica terraza, con faldón remontado en perímetro
18. Pendiente con hormigón
19. Sellado perimetral con Sikaflex
20. Pavimento de hormigón 10 cm con mallazo 20x20 cm diámetro 6 mm
21. Forjado sanitario ventilado a base de cavities plásticos
22. Capa de hormigón pobre de nivelación para colocar cavities
23. Base de obra de apoyo del premarco y la carpintería
24. Pavimento de madera de roble/castaño tratada
25. Aislamiento térmico
26. Canal desagüe humedades muro de piedra existente
27. Junta perimetral de porexpan 2 cm para dilataciones
28. Muro y zapata de hormigón armado
29. Entrega pavimento / tabique, resolución zócalo perimetral

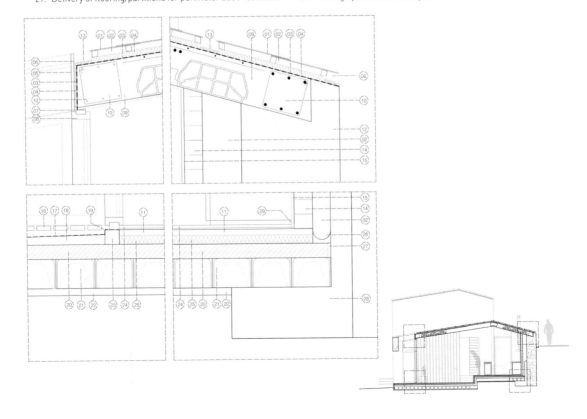

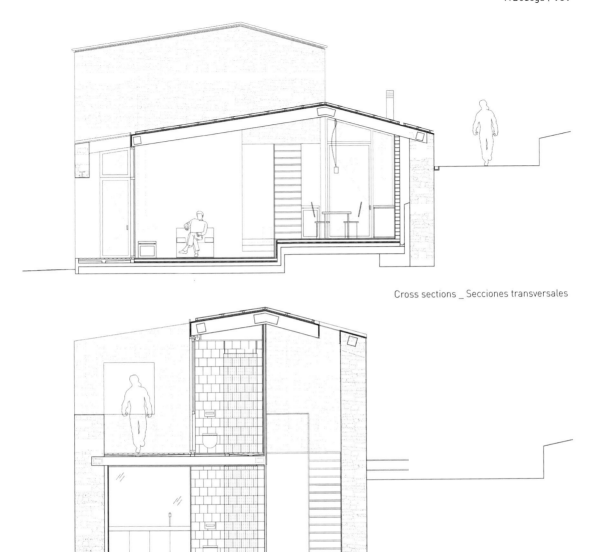

Cross sections _ Secciones transversales

To ensure proper evacuation of rainwater, the cover functions as a system where slopes, eaves and a series of perimeter channels expel the water. It works with a sanitary forge and floating surfaces that collect and expel the water.

Para garantizar la correcta evacuación del agua de lluvia, la cubierta funciona como un sistema donde pendientes, alero y una serie de canales perimetrales expulsan el agua. Se trabaja con un forjado sanitario y pavimentos flotantes que recogen y expulsan el agua.

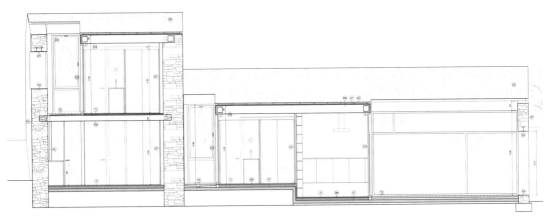

Section A _ Sección A

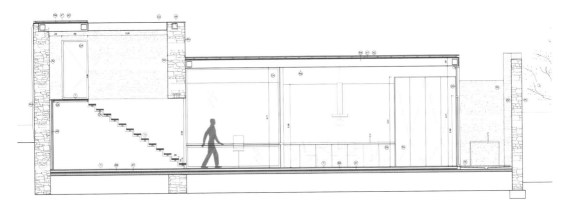

Section C _ Sección C

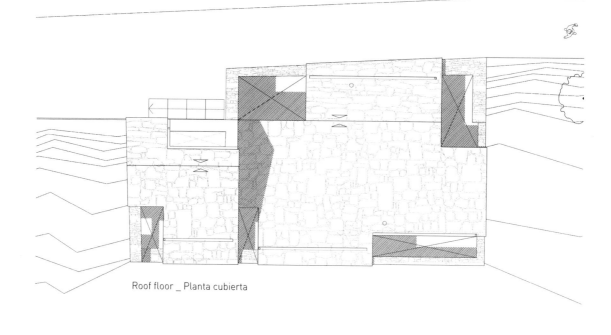

Roof floor _ Planta cubierta

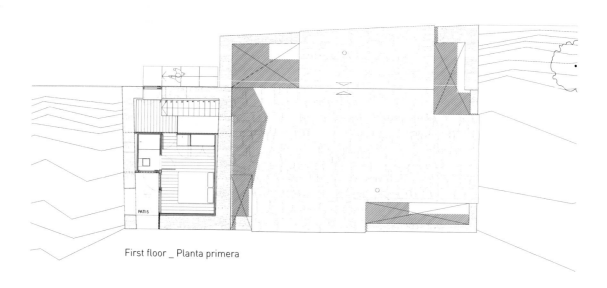

PATI 5

First floor _ Planta primera

0   100   200   300

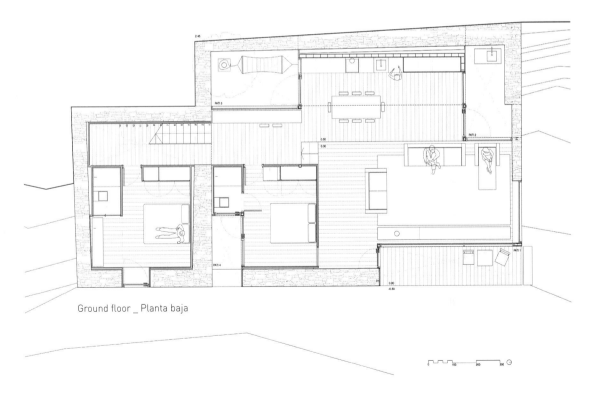

Ground floor _ Planta baja

Stone Houses
BEST in ecology